Bettina Burghof • Yo Rühmer

Das kleine Aufraff-Buch

Tipps für mehr Power im Alltag

PATTLOCH

Den Lebensgeistern auf die Sprünge helfen

Gibt es eine Zauberformel für mehr Energie im Alltag? Oder gar einen Zaubertrank à la Asterix und Obelix?
Wohl kaum: Kannenweise Kaffee oder der berühmte Schokoriegel am Nachmittag sorgen für einen kurzen Kick, nach dem wir umso tiefer ins Müdigkeitsloch fallen.

Es gibt aber ein Zauberwort, und das heißt: Begeisterung. Tun Sie alles – auch alltägliche Dinge – bewusst, mit Lust und guter Laune. Seien Sie Feuer und Flamme, intensivieren Sie Ihr Erleben, versuchen Sie, immer besser zu werden in dem, was Sie tun.
Unsere Tipps für mehr Power im Alltag tun ein Übriges, um Ihre Lebensgeister wieder zu mobilisieren.

Schwungvoller Start in den Morgen

So kommt der Motor in Schwung: Sich von Gute-Laune-Musik wecken lassen, nicht noch einmal umdrehen, sondern genussvoll im Bett räkeln. Aufstehen, eine trockene Bürstenmassage, danach abwechselnd heiß-kalt duschen. Fenster öffnen, tief durchatmen, Sauerstoff tanken. Sich nicht sofort in die Arbeit stürzen, sondern Zeit für ein gesundes Frühstück nehmen.

Turbo-Frühstück

Ergibt eine Portion
150 g Joghurt in eine kleine Schüssel geben, mit 1 EL Amaranth, 1 EL Weizenkleie und 2 EL Haferflocken verrühren. Eine Hand voll Früchte der Saison klein schneiden, unterheben und mit gehackten Nüssen bestreuen. Dazu ein Glas frisch gepressten Obst- oder Gemüsesaft und grünen Tee trinken.

Kopf hoch!

Beobachten Sie sich selbst: Fühlen Sie sich müde und verspannt? Wie drückt sich das in Ihrer Körperhaltung aus? Krummer Rücken, Schultern hochgezogen? Zähne zusammengebissen, Stirn in Falten gelegt? Schreiben Sie auf einen Zettel „Kopf hoch!" und legen Sie ihn auf Ihren Schreibtisch. Beherzigen Sie die Worte im wörtlichen und im mentalen Sinn.

Energie-Mudra

Diese Finger-Yogaübung stärkt die Lebenskraft und sollte immer dann ausgeführt werden, wenn man vor einer schwierigen Aufgabe steht: Formen Sie mit jeder Hand einen Kreis, indem Ihre Daumenspitzen leicht gegen die Spitzen von kleinem Finger und Ringfinger drücken. Zeige- und Mittelfinger halten Sie gestreckt. Atmen Sie dabei tief ein und aus.

Fitmacher zum Essen

Das schenkt lang anhaltende Energie: Obst und Gemüse, besonders Bananen und Avocados • Eiweiß in Form von fettarmem Joghurt, Quark, Käse, Sojadrinks, Geflügel, Fisch • Vollkornprodukte • Studentenfutter (Nüsse und Trockenfrüchte) • Kakao • Biokartoffeln (mit Schale essen) • Linsen und Bohnen

Aktivierende Farben

Rot steht für Leidenschaft, Vitalität und gibt Kraft für den Alltag. Orange stimmt fröhlich, macht aktiv, fördert unser Selbstvertrauen und unser Interesse an Umwelt und Mitmenschen. Umgeben Sie sich mit Gegenständen in diesen Farben. Hängen Sie ein rotes bzw. oranges Tuch über eine Lampe und meditieren Sie über die positiven Eigenschaften von Rot und Orange.

Traumreise gefällig?

Das Wochenende, der Traumurlaub ist schneller vorbei, als Ihnen lieb ist? Nehmen Sie die schönen Erinnerungen mit in den Alltag. Wann immer Sie sich ausgepowert fühlen, beamen Sie sich in Gedanken zurück: Lassen Sie für 10 Minuten einen inneren Urlaubsfilm ablaufen. Stellen Sie sich alles so genau wie möglich vor – Gerüche, Empfindungen, Geräusche, Farben.

Urlaub vom Alltag

Gönnen Sie sich jeden Tag (wirklich jeden!) 15 Minuten ganz für sich allein, in denen Sie etwas tun, was Ihrer Seele gut tut: z. B. auf dem Balkon ungestört eine Tasse Tee trinken und die Gedanken schweifen lassen, auf dem Sofa liegen und Ihre Lieblingsmusik hören, ein Gedicht lesen, Phantasiereisen, in einem Kunstbuch blättern und und und.

Vitalitäts-Mantra

Wann immer Sie mögen, halten Sie kurz inne, atmen ein und mit Kraft und Schnelligkeit, wie ein Stoßseufzer, wieder aus. Dabei lassen Sie die Schultern locker fallen und sagen zu sich selbst: „Ich bin stark und voller Energie." Mehrere Male wiederholen.

Sonne tanken

Unter Sonneneinstrahlung
schüttet der Körper vermehrt
Glückshormone aus. Darum: Nichts
wie raus an die frische Luft, Sonne tanken!
Dabei Sonnencreme nicht vergessen und nicht
übertreiben!
Für die dunkle Jahreszeit gibt es so genannte
Lichtduschen: Das sind Speziallampen mit bis
zu 10.000 Lux (ohne UV-Strahlung).

Wake up: Rosmarin-Bad

Ein sehr wirksamer Wachmacher ist ein Bad mit den ätherischen Ölen des Rosmarins. Es fördert die Hautdurchblutung und wirkt anregend. Entweder greifen Sie auf ein Rosmarinbad aus der Drogerie zurück oder Sie mischen sich Ihr Bad zur Weckung der Lebensgeister selbst: Dazu 10 Tropfen Rosmarinöl in 20 ml Sahne verrühren und ins Badewasser gießen.

Gegen müde Augen

Reiben Sie die Handflächen aneinander, bis sie ganz warm werden. Bedecken Sie mit den warmen Handflächen die Augen. Beobachten Sie, wie die Lichtblitze und Farbwahrnehmungen vor Ihrem inneren Auge langsam einer wohligen, warmen Schwärze weichen. Spüren Sie, wie Ihre Augen sich langsam entspannen und neue Kraft schöpfen.

Lachen ist gesund

Durch das schnelle Atmen beim Lachen wird der Körper mit deutlich mehr Sauerstoff versorgt als sonst, Stresshormone werden durch Glückshormone ersetzt und das Schmerzempfinden verringert sich.
Kleine Übung für zwischendurch: Einatmen, der Körper füllt sich mit Lebenskraft, beim Ausatmen bewusst lächeln. Mehrmals wiederholen.

Gute-Laune-Musik

Gehen Sie einmal in Gedanken Ihre CD-Sammlung durch: Welche Stücke machen gute Laune, bei welchen müssen Sie unwillkürlich mitsingen oder mit den Füßen wippen? Welche Musik spornt Sie an, beflügelt Sie zu neuen Taten? Stellen Sie sich eine CD mit Ihren Lieblings-Power-Hits zusammen. Tanzen und Mitsingen erlaubt!

Vital-Drinks

Ergibt jeweils eine Portion

❶ Das Fruchtfleisch einer kleinen Mango mit 150 g Joghurt, 50 ml Kefir und etwas Zitronensaft im Mixer pürieren. In ein Glas geben, mit Mineralwasser auffüllen.

❷ Das Fruchtfleisch einer halben Avocado mit 200 ml Möhrensaft im Mixer pürieren. In ein Glas geben und mit gerösteten Mandelblättchen bestreuen.

Grüner Tee

Grüner Tee belebt die Geister, ohne aufzuregen. Probieren Sie Grüntee auch einmal kalt und in Kombination mit Fruchtsäften:
1 l Grüntee mit 250 ml Traubensaft und dem Saft einer Zitrone mischen und auf Eiswürfeln servieren. Oder 500 ml Grüntee mit 250 ml Pfefferminztee und 250 ml Fruchtsaft (Sorte ganz nach Belieben) mischen und mit zerstoßenem Eis servieren.

Power durch Auspowern?

Einmal täglich Sport, Tanzen oder andere schweißtreibende Betätigungen: Das bringt den Kreislauf auf Hochtouren und wirkt negativem Stress, Verspannungen und Antriebslosigkeit entgegen. Kurzfristig bewirkt Sport eine wohlige Müdigkeit, die uns gut schlafen lässt. Langfristig fühlen wir uns energiegeladener und ausgeglichener.

Qi Gong gegen Antriebsschwäche

Qi Gong zählt zu den inneren chinesischen Kampfkünsten und ist eine wunderbare Methode, Verspannungen und Blockaden zu lösen und die körpereigene Energie wieder fließen zu lassen. Die Übungen sind für jedermann leicht zu erlernen und lassen sich, ganz ohne Hilfsmittel, problemlos in den Alltag integrieren. Anfänger sollten zunächst einen Kurs belegen.

Yoga-Atemübung für mehr Energie

Legen Sie die Hände oberhalb des Bauchnabels auf den Bauch. Atmen Sie ein und nehmen Sie bewusst war, wie Sie mit dem Sauerstoff Kraft und Energie einströmen lassen. Beim Ausatmen lenken Sie diese Energie durch Arme, Hände und Finger in Richtung Sonnengeflecht (liegt zwischen Nabel und unterem Teil des Brustbeins). 15-mal wiederholen.

Wasser ist ein wahres Wundermittel ...

... für mehr Power im Alltag. Unter der Dusche: im Wechsel heißes und kaltes Wasser aufdrehen. Auf die Schnelle: abwechselnd rechten und linken Unterarm unter den kalten Wasserstrahl halten, nicht abtrocknen, dann wirkt noch die Verdunstungskälte. Gegen müde Füße: ein 15-minütiges Fußbad in lauwarmem Wasser, in das fünf Tropfen Teebaumöl gegeben wurden.

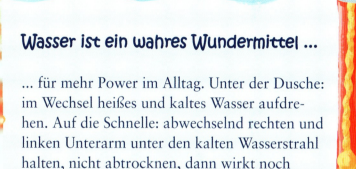

Brainpower

Heute weiß man, dass man durch Lernen, Lesen und regelmäßiges Gedächtnistraining seine grauen Zellen fit halten kann.
Lesen Sie etwas Anspruchsvolles, lösen Sie Knobelaufgaben, gehen Sie Ihren Interessen nach. Indem man sich zu einem Thema schlaumacht, wird man zum Experten und und findet vielleicht sogar neue Freunde zum ausgiebigen Fachsimpeln.

Für gute Nerven

Magnesium wirkt gegen Stress und damit verbundener Müdigkeit und Konzentrationsschwäche. Es ist reichlich vorhanden in magnesiumhaltigem Mineralwasser, Vollkornprodukten, grünem Gemüse, Hülsenfrüchten, Erdnüssen, Bananen, Geflügel.
Achtung: Kaffee und Alkohol fördern die Ausscheidung von Magnesium. Darum nur in Maßen genießen.

Ausreichend schlafen

Einige brauchen fünf, andere neun Stunden Schlaf, um sich am nächsten Tag fit zu fühlen. Achten Sie darauf, dass Sie nicht dauerhaft Ihr individuelles Schlafmaß unterschreiten. Das zehrt an den Kräften. Schlaf ist ein wahrer Jungbrunnen. Der Körper braucht seine Zeit, um sich immer wieder aufs Neue regenerieren zu können.

Tolle Idee!

Wieso haben einige Menschen scheinbar mühelos die tollsten Ideen, während andere stundenlang erfolglos grübeln? Weil sie entspannter sind! Nachdem man sich ausreichend mit einer Frage befasst hat, sollte man den Job ans Unterbewusstsein weitergeben. Gehen Sie spazieren, schlafen Sie einmal drüber, vertrauen Sie Ihrer Intuition: Plötzlich kommen die Ideen wie von selbst!

Abwehrkräfte stärken

Unterstützen Sie Ihr Immunsystem durch: Saunabesuche • Vitamin C (z. B. in Hagebutten, Sanddornbeeren, Johannisbeeren, Paprika, Kiwi, Erdbeeren, Orangen, Rotkohl, Blumenkohl, Weißkohl) • Zink (u. a. in Weizenkleie, Mohnsamen, Sesamsamen, Kürbiskerne, Bergkäse, Tilsiter, Linsen) • Sport • Entspannungsübungen • nicht zu trockene und zu heiße Heizungsluft

Singen macht munter

Wissenschaftler haben bewiesen, was Sänger schon immer geahnt haben: Singen fördert die vermehrte Ausschüttung von Glückshormonen und stärkt das Immunsystem. Und vor allem: durch die tiefere Atmung und die damit verbundene bessere Sauerstoffversorgung des Körpers fühlen wir uns nach intensivem Singen wach und munter.

Sich helfen lassen

Sie fühlen sich so richtig ausgepowert? Genieren Sie sich nicht, Familie oder Bekannte um Unterstützung zu bitten. So wie Sie ja auch selbst gerne für andere da sind, wenn Sie gebraucht werden. Auch anregende Gespräche im Freundeskreis helfen, die Akkus wieder aufzuladen. Meiden Sie aber Menschen mit notorisch schlechter Laune und negativer Lebenseinstellung.

Spruch des Tages

Werden Sie zum Jäger und Sammler: Fahnden Sie in Büchern und Zeitschriften nach aufmunternden Texten, die Ihnen Kraft und Inspiration schenken, und bewahren Sie diese Zitate in einem Kästchen auf. Und wann immer Ihnen danach ist, greifen Sie einen passenden Spruch heraus und pinnen diesen gut sichtbar an die Wand.

Motivations-Schwierigkeiten?

Etwa beim Sport und oder während einer Diät? Sammeln Sie Fleiß-Kästchen: Zeichnen Sie auf ein kariertes Papier ein Raster von 10-mal 10 Kästchen. Nach jedem Etappenziel (z. B. einmal Joggen oder ein Tag ohne Schokolade) dürfen Sie ein Kästchen ankreuzen. Nach zehn gefüllten Kästchen gibt es eine kleine Belohnung, bei 100 ausgefüllten Kästchen eine große (Wellness-Wochenende etc.).

Ordnung ins Leben bringen

Nehmen Sie sich morgens fünf Minuten Zeit und schreiben Sie auf, was Sie an diesem Tag alles erledigen möchten. Am Abend lassen Sie den Tag Revue passieren: Haben Sie alle Ziele erreicht? Oder haben Sie sich zu viel vorgenommen? Finden Sie so mit der Zeit ein realistisches Maß für Ihr Tagespensum, konzentrieren Sie sich immer mehr auf das Wesentliche.

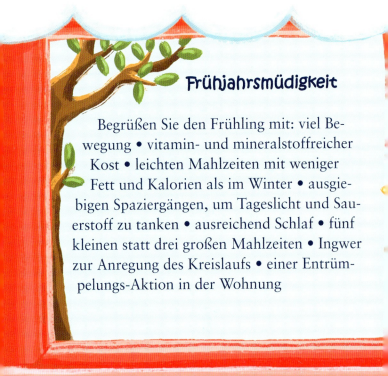

Frühjahrsmüdigkeit

Begrüßen Sie den Frühling mit: viel Bewegung • vitamin- und mineralstoffreicher Kost • leichten Mahlzeiten mit weniger Fett und Kalorien als im Winter • ausgiebigen Spaziergängen, um Tageslicht und Sauerstoff zu tanken • ausreichend Schlaf • fünf kleinen statt drei großen Mahlzeiten • Ingwer zur Anregung des Kreislaufs • einer Entrümpelungs-Aktion in der Wohnung

Besser konzentrieren

Eine Reihe von Untersuchungen hat gezeigt, dass Kaugummikauen unsere grauen Zellen zu mehr Aktivität anregt. Durch die intensiven Bewegungen des Kau-Apparates werden das Denken und die Konzentrationsfähigkeit gefördert. Auch das Lernvermögen wird gesteigert. 10 Minuten kauen sollten es allerdings mindestens sein.

Power für zwischendurch

Gegen Büroschlaf und sonstige Durchhänger helfen: Sauerstoff tanken (regelmäßig lüften, Atemübungen, Spaziergänge), starre Haltungen vermeiden, öfter die Sitzposition verändern, viel trinken. Oder folgende Yogaübung – „Löwe" genannt: Augen und Mund weit aufreißen, die Zunge weit herausstrecken, einige Sekunden in dieser Position innehalten, dreimal wiederholen.

Kraft-Orte

Kennen Sie einen Ort, der Sie magisch anzieht? Wo Sie innerlich ruhig werden? Der Sie inspiriert, fröhlich stimmt? An dem auf geheimnisvolle Weise alle Energie gebündelt zu sein scheint? Für manche Menschen ist dies eine Kirche, für andere der Gipfel eines Berges oder ein stattlicher Baum in einem Park. Hier kann man immer wieder seine Akkus aufladen.

Mentales Training

Bevor Sie eine schwierige Aufgabe in Angriff nehmen, gehen Sie diese im Geiste durch, Schritt für Schritt: Stellen Sie sich vor, wie Sie voller Energie sind, beherzt zur Tat schreiten und mit Lust und guter Laune bei der Sache sind. Je öfter Sie in Ihrer Vorstellung eine beschwingte Arbeitsweise üben, um so mehr wird sie sich auch in der Praxis bemerkbar machen.

Vergessen Sie nie Ihren Schirm!

Im Notfall, wenn man von allen Seiten gefordert wird und einem alles über den Kopf zu wachsen scheint, hilft nur eins: einen imaginären Schirm aufspannen! Stellen Sie sich einen großen Schirm in Regenbogenfarben vor, an dessen Oberfläche aller Stress abperlt. Unter seinem schützenden Dach bewältigen Sie ungestört Ihre Aufgaben – eine nach der anderen.

Bibliografische Information: Deutsche Nationalbibliothek
Die Deutsche Nationalbibliothek verzeichnet diese Publikation
in der Deutschen Nationalbibliografie; detaillierte bibliografische
Daten sind im Internet über http://dnb.d-nb.de abrufbar.

Es ist nicht gestattet, Abbildungen dieses Buches zu scannen, in PCs
oder auf CDs zu speichern oder in PCs/Computern zu verändern oder
einzeln oder zusammen mit anderen Bildvorlagen zu manipulieren, es
sei denn mit schriftlicher Genehmigung des Verlages.

© 2007 Pattloch Verlag GmbH & Co. KG, München

Umschlaggestaltung: Yo Rühmer
Innengestaltung: Elke Martin, Pattloch Verlag
Illustrationen: Yo Rühmer
Text: Bettina Burghof
Lektorat: Bettina Gratzki, Corinna Vierkant, Pattloch Verlag
Printed in China

ISBN 978-3-629-10225-6